REMARQUES

ET

RECHERCHES DIVERSES

SUR

MASSILLON, D'ALEMBERT ET LA HARPE;

PAR M. BERRIAT SAINT-PRIX.

Fragment inséré dans le Magasin Encyclopédique,
Numéro de Mai 1811, tome III, page 29.

PARIS,

DE L'IMPRIMERIE DE J. B. SAJOU,
Rue de la Harpe, n.° 11.

1811.

553

REMARQUES ET RECHERCHES

DIVERSES

Sur Massillon, d'Alembert et La Harpe.

Un Anonyme a fait insérer dans le Journal des arts, des sciences et de la littérature, du 5 juillet dernier, N.° 17 (1), une Lettre qui contient la censure la plus amère de l'Eloge de Massillon par d'Alembert. Il y accuse surtout, et sans le moindre ménagement, cet homme célèbre, d'avoir manqué au premier et plus sacré des devoirs d'un historien, à la vérité. « *Tous les faits*, dit-il (pag. 8), *rap-* « *portés dans l'Eloge de Massillon, sont* « *altérés ou controuvés* » ...... Il suffisoit, observe-t-il ailleurs (pag. 9), « il suffisoit pour « cela de *mentir*, et le mensonge lui coûtoit « si peu (à d'Alembert)!.... » Plus loin (p. 10), il invite M. Renouard à ne point mettre en tête de sa nouvelle édition des Œuvres de Massillon « Un éloge *rempli de faits con-* « *trouvés*, et d'historiettes ridicules inventées « seulement pour amuser des oisifs. »

D'après ce ton affirmatif et tranchant, je me suis d'abord imaginé que le Critique devoit avoir raison au moins dans les faits qu'il

(1) Le commencement de la Lettre est dans le Numéro 16, que je n'ai pu me procurer.

indique comme altérés. Il ne seroit point surprenant, ai-je pensé, que d'Alembert en composant une espèce d'histoire de soixante-quinze Académiciens, presque tous de divers pays, de divers âges, de diverses conditions, et dont plusieurs étoient nés cent cinquante ans avant l'époque où il écrivoit (2), se fût trompé quelquefois, puisque les historiens de profession les plus scrupuleux ne sont pas exempts d'erreurs dans le récit des événemens importans pour lesquels les actes publics leur fournissent des matériaux authentiques. D'ailleurs, on connoît la bienveillance ordinaire de la critique : on sait avec quel soin, en fermant les yeux sur le mérite d'un ouvrage, elle en recherche les défauts. Enfin, lorsqu'un critique nie des faits exposés dans des Discours prononcés publiquement devant la première

---

(2) Tels que le président Rose, né en 1611; Bossuet, né en 1627;... D'Alembert commença son histoire en 1772.

Un fait assez piquant nous montre combien d'Alembert dut éprouver de l'embarras dans ses recherches, et combien il lui étoit difficile de ne pas pécher plus d'une fois contre l'exactitude. Quelque bruit qu'eut fait l'abbé Cotin, on ne savoit, peu d'années après sa mort, quelle en étoit l'époque ; les uns la plaçoient en 1673, d'autres en 1682, d'autres le croyoient existant en 1686. — *Voyez* BAYLE, *Rép. aux Questions d'un Provincial*, part. 1, ch. 29.

Compagnie littéraire de l'Europe, et imprimés depuis plus de trente ans, lorsqu'il déclare nettement que le narrateur a *menti*; il est bien à présumer que ce n'est qu'à bon *escient.*

Cette idée m'a tellement frappé que quoique l'Anonyme n'ait appuyé ses assertions d'aucune espèce de preuve, je les ai tenues d'abord pour vraies. J'ai cherché seulement à m'assurer si, d'après une méthode trop commune, il n'avoit pas choisi à dessein les seuls faits inexacts de l'Eloge de Massillon, pour en conclure que tous les autres étoient faux. J'ai rassemblé les Biographes de Massillon et les Journaux littéraires du temps de l'Eloge, que j'ai pu me procurer dans ma *petite ville* (3); et j'ai entrepris de comparer leurs récits avec celui de d'Alembert. Quoique l'exécution de ce projet exigeât beaucoup de travail, je ne me suis point rebuté; il ne s'agissoit pas seulement de justifier d'Alembert, mais d'honorer Massillon. Les faits rapportés par le Secrétaire de l'Académie sont à la louange de cet immortel

(3) Entre autres les *Dictionnaires* de MORERI, RICHARD, CHAUDON; les *Siècles* de DESESSARTS, le *Journal des Savans*, le *Journal Encyclopédique*, l'*Année littéraire*, les *Annales* de LINGUET, le *Mercure*, le *Journal général de France*, les *Mémoires* de M. PALISSOT, etc.

Prélat : seroit-il à désirer pour celui-ci qu'ils fussent *tous faux* ou *altérés?*

Heureusement je n'ai pas eu besoin de me livrer à toutes les recherches qui entroient dans mon plan. Dès le début de son histoire (4), d'Alembert affirme que « tout ce « qu'il a dit des Académiciens est tiré, soit « de leurs ouvrages, soit de mémoires im- « primés ou manuscrits, soit de leurs con- « versations qu'il a recueillies lui-même, ou « qu'il tient de ceux qui ont le plus vécu « dans leur société.....» En publiant huit ans après la suite de la même histoire (5), il revient sur ce point; il annonce qu'il a invité par la voie des Journaux les parens et les amis des Académiciens dont il entreprend l'Eloge, à lui fournir des détails sur ce qui les concerne... Il assure qu'il n'a rien avancé que sur les meilleurs témoignages....

Ces déclarations qui, vu les circonstances où elles ont été publiées, devoient bien au moins balancer les assertions du Censeur anonyme, m'ont paru bientôt mériter la plus grande confiance; surtout lorsqu'en parcou-

___

(4) Edition de 1787, in-12, Avertissement (pag. III) du tome I, imprimé pour la première fois en 1779... Dans la note 1, page 2 de ce volume, il renouvelle l'invitation que nous allons rapporter.

(5) En 1787, t. 2, Avertissement, p. xj... C'est l'édition dont on a parlé dans la note précédente.

rant les écrits de d'Alembert et de ses adver-
saires les plus acharnés, j'ai découvert que
le premier, docile aux avis, a fait usage,
dans sa seconde édition, des observations
qu'on lui avoit envoyées sur la première, et
notamment sur l'Eloge de Fléchier (6); et que
les autres, quoiqu'ils aient fortement critiqué
plusieurs de ses Eloges historiques, n'en ont
point suspecté la véracité. Si en effet, comme
l'avance l'Anonyme, on eût démenti dans le
temps les anecdotes dont d'Alembert les a
semés, peut-on douter qu'un Linguet, qui
ne le ménage en aucune circonstance, ne
se fût empressé d'accueillir et de publier
les réclamations, et d'y joindre ses aima-
bles et doux commentaires? Qu'un Fréron
qui ne le traite guères mieux, au lieu de
louer l'Eloge de Massillon (7), ne se fût hâté
d'en faire la satyre?

Il est inutile d'ajouter que ces considéra-
tions m'ont déterminé à laisser l'examen de

(6) Notes, t. 2, pag. 430, 435.
(7) Voyez l'*Année littéraire* de 1779, t. I, p. 167....
Ce n'est qu'une louange indirecte; mais enfin il
n'y a point de critique.
On trouve au contraire des louanges très-pronon-
cées dans le *Journal des Savans*, 1779, in-4.°,
p. 519; dans le *Journal Encyclopédique*, 1779, p. 91
et suivantes; dans le *Mercure* du 15 janvier 1779,
p. 150, article de La Harpe; etc.

l'ouvrage de d'Alembert pour m'occuper de celui du Critique anonyme. On va voir lequel des deux mérite les imputations que nous avons rapportées.

Je commencerai par le passage où se trouve la seconde des mêmes imputations.

«Notre Philosophe, dit le Critique, pag. 8, ne vouloit pas, dans cet Eloge, manquer l'occasion de mortifier les évêques académiciens ses confrères. Il suffisoit pour cela de *mentir,* et le mensonge lui coûtoit si peu! « Massil-« lon (c'est d'Alembert qui parle), Massillon « ne crut pas que pour lui l'épiscopat fût « une dispense de monter en chaire..... Il « prêchoit souvent ses ouailles........ Les plus « éloquens de ses Sermons sont les Conférences « qu'il faisoit à ses curés. » Malheureusement, il est prouvé que Massillon, sans cesse tourmenté par une colique néphrétique, *n'a* jamais, à son très-grand regret, *monté* en chaire dans son diocèse. Les Conférences, dont parle d'Alembert, ont été composées, non pour les curés du diocèse de Clermont, mais pour le séminaire de Saint Magloire à Paris. »

Premièrement, ce n'est point d'Alembert qui parle dans le passage guillemeté, mais le Censeur. Celui-ci en a d'abord estropié à sa façon la première partie; il a ensuite entièrement forgé la seconde (la phrase élégante, *Massillon préchoit souvent ses ouailles*) : il a enfin supprimé dans la troisième un mot essentiel, car d'Alembert dit « les plus éloquens *peut-être* de ses Sermons, etc. (8). »

Secondement, on auroit dû nous apprendre où il est *prouvé* que Massillon fut sans cesse tourmenté par une colique néphrétique. Outre que nous n'avons rien vu de semblable dans tous les Biographes que nous avons consultés ; outre qu'il fit en effet des Conférences à Clermont, comme on va le *prouver*, nous trouvons dans ses OEuvres, des mandemens pour trois visites générales; et il n'est pas probable qu'avec une infirmité habituelle du genre de la colique néphrétique, Massillon eût entrepris de parcourir jusques à trois fois un diocèse étendu et montueux.

Troisièmement, les Conférences dont parle d'Alembert ont été réellement composées pour les curés du diocèse de Clermont ; c'est fort mal-à-propos qu'on veut les confondre avec celles qu'il avoit faites longtemps auparavant pour le séminaire de Saint Magloire. Celles-ci sont dans le premier volume de ses Conférences imprimées; celles-là dans le second.

Quatrièmement, elles ont été non-seulement faites mais *prononcées* dans le diocèse de Clermont, et par conséquent une colique

(8) *Eloge de* Massillon, t. I, p. 21.

néphrétique n'a point empêché Massillon de prêcher. Voici nos preuves.

Les OEuvres de Massillon ont été publiées trois ans après sa mort (9). A la tête du premier volume, qui comprend le *Petit Carême*, est un Avertissement, composé par son neveu (10), où à l'article des Conférences, on parle d'abord de celles de Saint Magloire, et l'on ajoute ensuite, p. xxij, « celles qu'il *a faites à ses curés* pendant « son épiscopat, les discours qu'il *pronon-* « çoit à la tête des synodes qu'il assembloit « tous les ans, etc. »

Dans l'Avertissement des Conférences et Discours synodaux (11), le même auteur, après avoir également parlé des Conférences de S. Magloire, ajoute encore : « *celles qu'il* « *faisoit de temps en temps à ses curés* « pendant son épiscopat, et les discours « qu'il *prononçoit* toutes les *années* dans « le synode de son diocèse, etc. »

Les auteurs du Journal des Savans, Numéro de décembre 1744, in-12, p. 2116, en annonçant l'édition des OEuvres de Mas-

(9) En 1745 et 1746; Paris, veuve *Etienne et Hérissant*, in-12.

(10) Voyez le *Supplément* de MORERI, in-fol. 1749, t. II, mot *Massillon*. Ce neveu de Massillon étoit oratorien, et préfet du collége de Riom.

(11) 1746, 2 vol. in-12, mêmes libraires.

sillon, indiquent des Conférences faites à S. Magloire ou *prononcées à ses curés*, etc. Même
annonce à peu près dans le Numéro de janvier 1746, p. 175; dans le grand Diction-
naire ecclésiastique du Père Richard, au
mot *Massillon*, etc., etc.

Ne seroit-on pas excusable maintenant de
répéter au Critique anonyme le calembourg
que fit un membre de l'Assemblée législative,
au sujet d'assertions aussi bien prouvées que
les siennes : « Il faut vous délivrer un *brevet*
d'invention (12). Mais revenons à ses Satyres.

« Le secrétaire, dit-il, p. 7, le secrétaire
imagine que Massillon, dans sa jeunesse,
avoit été novice à l'Abbaye de Sept Fonts.
Cette *fable fut démentie* sur le champ par tous
ceux qui avoient passé une partie de leur

(12) Tout ce que nous venons de dire se rapporte
à la prononciation des Discours synodaux et Conférences. D'Alembert ne dit point que Massillon ait
fait dans son diocèse, des sermons d'appareil. Il
explique, dans les notes, ce qu'il a entendu par
ces expressions de l'éloge, (pag. 21) « Massillon ne
« crut pas que l'épiscopat qu'il avoit mérité par ses
« succès dans la chaire fût pour lui une dispense
« d'y monter encore. » Il annonce que Massillon
« faisoit au peuple de son diocèse, presque sans
« préparation, des exhortations familières et simples,
« qui n'étoient que pour les pauvres, et que toute
« la ville néanmoins venoit entendre. » — *Voyez*
id. t. V, note 6, p. 39.

vie avec ce grand homme; elle le fut surtout par le respectable D. Sébastien, abbé
de Sept Fonts depuis quarante ans, qui as-
sura que le panégyriste de Massillon avoit
insulté à la crédulité de ses auditeurs. » Et
de là le Censeur part pour accuser d'Alembert
d'avoir le premier mis en vogue le genre
monstrueux du roman historique : c'est à
ses Eloges qu'on doit le dernier ouvrage de
Madame de Genlis, etc.

Cette fable fut démentie sur le champ....
Où? Dans quel ouvrage? Dans quel journal?
*par tous ceux qui avoient passé une partie
de leur vie avec ce grand homme.* Pourquoi
taire leurs noms ? Nous n'aurions pas été
fâchés de connoître des *amis* de Massillon,
et surtout plusieurs amis qui lui avoient
survécu de 32 ans, en quelque sorte à dessein de démentir son panégyriste... Mais vous
vous trompez; on vous indique *le respectable D. Sébastien, abbé de Sept Fonts depuis quarante ans !* Pourquoi ne nous dire
que le nom de baptême d'un religieux d'un
ordre dont les membres se désignoient par
leurs noms de famille (13) ? Si en 1774 ce

_____

(13) On dit Don Calmet, Don de Vaines, Don de
Vienne, Don Lobineau, Don Félibien, Don Vaissette,
Don Plancher, Don Bouquet... En général, ce n'é-
toient que les religieux des ordres pauvres qu'on
désignoit par leur nom de religion.

respectable D. Sébastien étoit abbé de Sept Fonts depuis quarante ans, c'est-à-dire depuis 1734, comment se fait-il que deux ouvrages à peu près officiels, publiés pendant cet intervalle, nous disent que *D. Zosime de Guienne* fut nommé à cette abbaye en 1742, qu'il en jouissoit encore en 1749, et qu'en 1764, c'étoit *D. Cl. Jalloutz* (14)?

Le passage que nous venons de réfuter n'est pas le seul où le Censeur anonyme se montre peu difficile sur le choix et de ses témoins et de ses preuves. D'Alembert rapporte que Massillon abolit des processions anciennes et indécentes que la barbarie des siécles d'ignorance avoit établies dans son diocèse. Ce récit met l'Anonyme presque en fureur. C'est là encore, suivant lui (p. 8), « le fruit de l'imagination de d'Alembert, » et il le prouve en ajoutant que « plusieurs « curés de Clermont, qui étoient en place « avant l'arrivée de Massillon, *un grand* « *nombre de vieillards*, tant ecclésiastiques

(14) Voyez *Etat de la France*, Paris, 1749, chez *Saugrain*, t. 3, pag. 116... *La France Ecclésiastique*, année 1764, p. 241 et 291.

D'Alembert, note 1, t. V, p. 26, atteste de nouveau le séjour passager de Massillon à Sept Fonts, d'après un prédicateur qui en avoit été informé à l'Oratoire.

« que laïcs, ayant eu connoissance de ces
« impostures, écrivirent à Paris qu'il n'y
« avoit jamais eu de processions indécentes
« dans ce diocèse; que leur Evêque n'en
« avoit aboli aucune, etc. »

Félicitons les habitans du Puy-de-Dôme
de la longue vie de leurs ecclésiastiques,
de ce que les fidèles de leur pays conservent
toute la fraîcheur de la mémoire dans leur
décrépitude, du soin avec lequel ils écrivent
un grand nombre de lettres pour réfuter
secrètement ce qui a été affirmé *publiquement* et répandu ensuite par la voie de l'im-
pression; enfin de ce que l'on garde pendant
trente-six années le souvenir de ces lettres
ignorées au temps où ils les mirent à la poste.
Massillon partit pour son diocèse peu de
temps après sa réception à l'Académie, qui
eut lieu le 23 février 1719 (15). Son
éloge fut prononcé le 4 août 1774, et imprimé dans le premier volume de l'Histoire
de l'Académie en 1779. Admettons que des
ecclésiastiques de Clermont ayent assisté à
la séance de 1774; il s'étoit déja écoulé cin-
quante-cinq ans; on n'étoit ordonné prêtre

_____

(15) Le célèbre auteur de l'*Histoire Ecclésiastique*,
FLEURY, alors directeur de l'Académie, y invita
indirectement le nouveau prélat, en répondant à
son discours de réception. — Voyez *l'Eloge*, t. I,
p. 20 et 21.

qu'à vingt-cinq; ils en avoient donc au moins quatre-vingts. Mais comme il étoit fort rare qu'aussitôt après l'ordination on fût pourvu d'une cure et surtout d'une cure de ville; comme les curés d'une ville, à moins d'une peste, ne laissoient pas tous en même temps la place à leurs successeurs; comme enfin l'Anonyme parle de *plusieurs* curés de Clermont, nous sommes fondés à dire que quelques-uns de ceux qui accusèrent *secrètement* d'Alembert *d'imposture*, étoient plus près de cent ans que de quatre-vingts. Ces curés ont un grand air de famille avec le respectable D. Sébastien.

Mais des cérémonies superstitieuses étoient-elles donc autrefois assez extraordinaires pour qu'un si grand nombre de *vieillards* se déterminassent à réfuter le panégyriste du plus illustre de leurs évêques? N'avoient-ils aucune connoissance de la fête des fous, de la fête de l'âne, de la fête du sous-diacre? Comment, avec une mémoire si fraîche, les curés de Clermont oublioient-ils ce qu'un des érudits les plus consommés de leur pays avoit écrit sur un usage qui se pratiquoit à la porte de l'une de leurs églises (Saint - Abraham) ? « Fons « limpidus non procul ab ecclesiâ collabitur, « qui vulgò vocatur *la fon de Saint-Abra-* « *ham,* in quem malo more merguntur infantuli plus æquo quiritantes, mense de-« cembri in summo hyemis accentu , ut

« ejulatus sistant. Porro, Quirites, tuque,
« Præsul, puræ vindex religionis, *hanc ani-*
« *lem superstitionem puerulis illis exitialem*
« *atque peremptoriam avertite,* inde natam
« (ut inaudivi) quod Abraham abigat bra-
« mam (si ita fari liceat) id est quiritatum
« et infantilem ploratum. » — *Origines de*
Clermont, par le président SAVARON, *Paris,*
1662, p. 355.

D'Alembert raconte qu'un grand vicaire
s'évanouit en montrant à un voyageur la
chambre où Massillon avoit rendu les derniers soupirs. Le *Critique* traite cette anecdote touchante de scène de mélodrame.
« Elle fit, ajoute-t-il, p. 9, elle fit répandre
« plus de larmes que toutes les pièces de
« M. Guibert-Pixérécourt. D'Alembert seul
« rioit sous cape; il étoit dans le secret de
« son anecdote. »

Cependant d'Alembert déclare (16) qu'il
a appris cette même anecdote d'un prédicateur célèbre et vivant, qui la tenoit d'un
témoin oculaire. Qu'oppose à cela le *Critique*?
Un conte absurde et encore le témoignage
d'un vieillard : il en a toujours à sa disposi-
tion. Suivant lui deux des auditeurs de
d'Alembert furent si curieux de connoître
le grand vicaire, qu'ils prirent la poste et

(16) Tome V, p. 26, note 1.

coururent jour et nuit jusques à Clermont... .. Ils s'informent de sa demeure; on leur rit au nez; on les croit tombés du ciel; enfin un *vieillard* leur dit que d'Alembert est un Turlupin; qu'il fait des contes de Madame Bonne; que Massillon n'a laissé que deux grands vicaires; que l'un, tout juste l'oncle du *vieillard,* étoit mort il y avoit plus de trente ans, et que l'autre n'avoit pas tardé à le suivre; que quand celui-ci mourut, il y avoit plus de dix ans qu'il n'avoit quitté la chambre où il étoit retenu par ses infirmités et les médecins... Sur ce, les voyageurs « revinrent à Paris, tout honteux d'a- « voir été trompés par un philosophe; ces « bonnes gens avoient cru, jusqu'alors, que « philosophe et ami de la vérité étoient sy- « nonymes.»

Nous ne ferons pas au Critique l'honneur de comparer son conte à ceux de Madame Bonne; nous pourrions même nous borner à l'extrait précédent, et en abandonner la réfutation aux lecteurs; nous ferons néanmoins quelques remarques.

L'Eloge de Massillon a été prononcé 32 ans après sa mort. En commençant le récit de l'anecdote, d'Alembert dit : « un événe- « ment *assez récent,* etc.» C'est de cette expression vague que le Censeur est parti pour imaginer son voyage en poste. S'il eût daigné ouvrir le volume où sont les notes de l'éloge, il auroit vu que d'Alembert déclare que l'anecdote a eu lieu *plusieurs années* après la mort de Massillon, expression dont il ne se fût point servi, si elle avoit été tout-a-fait récente.

Quand on fait d'ailleurs des *Contes*, au moins faut-il y mettre quelque vraisemblance. Il résulte de celui du Censeur que Massillon, sur ses derniers jours, quoique atteint sans cesse d'une colique néphrétique, n'a eu pour gouverner un des plus grands diocèses de France, un diocèse de près de huit cents paroisses (17), dans un pays de montagnes, que deux grands vicaires, dont l'un étoit un *vieillard*, et l'autre un infirme retenu dans sa chambre : j'ignore si M. de la Garlaye, successeur de Massillon, avoit ou non la colique; mais il falloit qu'il fût bien dégénéré, puisque en 1764, il avoit besoin de *huit* grands vicaires (18).

(17) L'*Almanach Royal* de 1775, la *France Ecclésiastique* de 1764, et le P. Richard, au mot *Clermont*, lui donnent 800 paroisses... Don VAISSETTE, dans sa *Géographie* in-4.°, t. II, p. 531, en note 758, et ajoute que Clermont est en effet un des plus grands diocèses de France; qu'il y a 28 collégiales, 28 abbayes, etc.

(18) Voyez la *France Ecclésiastique* de 1764, p. 124. L'Anonyme ayant vu que, d'après les lois orga-

Le *Voyage en poste* est le dernier des
Contes que fait l'Anonyme pour *prouver les
impostures* de d'Alembert. Il en a fait d'autres dont je n'ai point parlé, parce que son
objet en les forgeant, n'étoit point d'attaquer
la véracité de d'Alembert, mais simplement
de lui reprocher d'avoir répété une vérité tri-
viale, ce qui n'est pas une grande faute, et
peut même, suivant les circonstances, être un
mérite (19). Ainsi je ne demanderai pas au
Critique d'où il sait que le père de Massillon
exerçoit le notariat *avec distinction* (20). Je

niques du Concordat, il n'y a plus à présent que
deux vicaires généraux, se sera peut-être *imaginé*
qu'il en étoit de même autrefois.

(19) Voyez le *Journal des Arts*, p. 7.
Il n'y a de la trivialité que dans la phrase que
l'Anonyme accommode à sa manière. D'Alembert n'a
point dit que *les talens sont indépendans de la nais-
sance;* il annonce que, par la nomination de Massillon le gouvernement « a bravé le préjugé assez
« commun, même de nos jours, que la Providence
« n'a pas destiné aux grandes places le génie qu'elle
« a fait naître aux derniers rangs. » — Voyez
l'*Eloge*, p. 2 et 3.

(20) Il y a plusieurs ouvrages sur les fonctions
et droits des notaires, tels que ceux de Papon,
Ferrière, père et fils, et Langlois. Je désirerois que
l'Anonyme en eût indiqué un où l'on ait fait leur
histoire, et où on l'ait faite avec assez de détails
pour citer un notaire d'une petite ville, telle
qu'Hières, située à 180 lieues de la capitale.

lui laisserai dire que l'état de notaire donnoit
une considération qui valoit des lettres de noblesse (21) : qu'à l'époque où Massillon fut
nommé évêque, l'épiscopat n'étoit pas devenu
le patrimoine des familles privilégiées (22), etc.
Il me suffit d'avoir *prouvé* la fausseté ou l'in-
vraisemblance de toutes les assertions de
l'Anonyme, et par là même que ce n'est point

(21) Ou l'Anonyme veut plaisanter, ou il n'a
aucune idée des anciennes mœurs des petites villes.

(22) Il est facile de voir tout le contraire dans
les catalogues des prélats nommés vers le commencement du dix-huitième siécle. Le Critique en con-
vient lui-même sans s'en apercevoir. Il cite en
effet, p. 7, le persiflage insultant d'un évêque en-
vers Fléchier, au sujet de sa *Promotion à l'Epis-
copat* (Voyez les *Eloges*, t. I, p. 426, et t. II,
note 10, p. 430). S'il n'eût point été surprenant
qu'un homme des derniers rangs de la société fût
élevé à cette dignité éminente, auroit-on osé rap-
peler à Fléchier lui-même la profession obscure
de ses parens ?... Au surplus, l'exemple que cite
l'Anonyme ne prouve rien en faveur de son assertion : 1.° la famille de Fléchier étoit noble; 2.° il
étoit neveu d'un général d'ordre; 3.° il ne fut
d'abord nommé qu'à l'évêché de Lavaur qui n'avoit
que 86 paroisses, tandis que celui de Clermont en
avoit huit cents; 4.° sa nomination est antérieure
de 30 ans à celle de Massillon, et le système de la
Cour pouvoit avoir changé depuis; 5.° il avoit comme
ce dernier des talens très-distingués, etc.; et la plu-
part de ces remarques s'appliquent à Soanen que
cite également le Critique.

à d'Alembert qu'on peut imputer de la facilité à mentir.

Je ne m'arrêterai pas non plus à la censure qu'il fait des éloges, sous le point de vue du mérite littéraire, parce qu'il ne la motive point, et il me sera bien permis de préférer à son opinion celle que plusieurs Critiques éclairés ont émise, à la suite de discussions approfondies (23).

Mais, observera-t-on, avec le Journal des Arts (*pag.* 10 *et* 11, *note* 1), La Harpe est du même avis que l'Anonyme : la preuve en est dans des passages de sa Correspondance avec le grand-duc de Russie, où il critique six des Eloges de d'Alembert, savoir ceux de Saint-Pierre, de La Motte, Dangeau, Fléchier, Saint-Aulaire et Marivaux.

Nous pourrions d'abord répondre : 1.º c'est être bien dénué de preuves que d'aller en puiser dans un ouvrage où l'auteur a eu le malheur de ne reconnoître de l'esprit et du talent qu'à peu près à un seul écrivain, c'est-à-dire, à lui-même; 2.º les critiques qu'on en rapporte ont été contredites dans le temps où il les faisoit, par le Mercure de France dont il étoit le principal rédacteur (24); 3.º de ce

____

(23) *Voyez* entre autres, le résumé d'un très-bon article de M. LAYA, au *Moniteur* de 1807, p. 712, col. 2.

(24) Voyez-en la preuve, quant aux éloges de

qu'il lance quelques traits contre six des Eloges, on ne doit point en induire qu'il blâmât également les soixante-dix autres (25); on seroit presque autorisé, d'après la nature de la Correspondance Russe, à tirer de son silence une conséquence toute différente; en un mot, si La Harpe trouve des défauts dans les Eloges de Saint-Pierre, La Motte, etc., ce n'est pas une preuve qu'il rabaissât autant que l'Anonyme, celui de Massillon, et c'est précisément *quod erat demonstrandum.*

Mais est-il bien vrai que La Harpe ait, au sujet des Eloges, l'opinion générale qu'on lui attribue ?..... Nous avons vu avec beaucoup de peine qu'en citant sa Correspondance, on n'a pas été plus exact qu'en réfutant les prétendus Contes de d'Alembert. Lorsqu'on veut s'autoriser de l'opinion d'un écrivain sur un

Saint-Pierre, La Motte et Dangeau, ci-après, notes 26, 27 et 29. Il en est à peu près de même pour ceux de Fléchier, Saint-Aulaire et Marivaux. — Voyez *les Mercures de* fevrier 1778, p. 158; 25 janvier 1779, p. 279; 2 mars 1782, p. 39, et 3 septembre 1785, p. 43.

(25) Le premier des Eloges communiqués à l'Académie est du 4 août 1774; le dernier fut lu après la mort de d'Alembert, le 25 août 1785. Tous ont été publiés en 1779 et 1787. La Correspondance Russe commence en février 1774, et finit vers le milieu de 1791. Ainsi La Harpe auroit pu y parler de tous les Eloges.

ouvrage, il faut rapporter tout ce qu'il en
dit, et ne pas se permettre de supprimer ce
qui contrarie la nôtre. Ainsi, dans les deux
premiers passages cités, il ne falloit point se
borner comme on l'a fait, aux lignes mar-
quées ci-après par des guillemets, il falloit
y joindre celles que nous transcrirons en
italiques.

Eloge de Saint-Pierre. « Le familier y
« est trop souvent à côté du noble, sans gra-
« dation et sans nuance. Il y a de la subtilité
« et de l'affectation (26). » *Mais toujours*
« *un esprit qui n'est pas vulgaire.* Corres-
pond., Lettre 12, t. I, pag. 105.

Eloges de La Motte et Bossuet. D'A-
lembert a lu l'Eloge de La Motte et celui
de Bossuet : le premier « trop semé d'épi-
« grammes et de petits traits, défauts qui se re-
« trouvent dans presque tous les Eloges qu'il
« a lus, et qui les fait trop ressembler à des
« Ana faits par un homme d'esprit » (27).

(26) Voici la contre-partie dans le *Mercure.*
« Cette séance si intéressante a été couronnée par
« la lecture d'un Eloge de l'Abbé de Saint-Pierre,
« morceau *excellent* de M. d'Alembert, et digne
« de toute la réputation, de tout le génie de son
« illustre auteur. » Numéro de mars 1775, p. 193.
(27) Autre contre-partie dans le *Mercure.*
« M. d'Alembert a fini la séance par la lecture
« de *l'Eloge de La Motte-Houdart,* dont il a par-

Le second fort supérieur à l'autre, et le meilleur de tous ceux qu'il a récités à l'Académie. Il y a de la noblesse et même quelque onction, etc. (28). — *Id.*, Lettre 19, pag. 165 et 166. — Qu'auroit dit le Critique, si comme lui, et pour se procurer des autorités, d'Alembert se fût donné la licence de supprimer le commencement et la fin des passages qu'il cite?

Etoit-il juste également de sauter en quelque sorte, du passage relatif à l'Eloge de Dangeau (29), *Lettre 41, t. I, pag.* 330, à celui

« faitement caractérisé l'esprit, les talens et les ou-
« vrages. Cet éloge, plein de saillies, de traits lu-
« mineux et de vues fines et délicates, avec un
« parallèle brillant entre cet auteur et Fontenelle
« son ami, fit la plus vive sensation et le plus
« grand plaisir. » — Numéro de mai 1775, p. 158.

(28) Il ajoute dans la lettre suivante, p. 170 :
« le meilleur morceau qu'il ait lu à l'Académie, c'est
« *l'Eloge de Bossuet.* Le sujet a élevé son style, etc. »
Dans le *Mercure* (janvier 1779, p. 160), il dit
que d'Alembert semble y avoir pris les pinceaux
de Bossuet, etc.

(29) Le voici : « Les ecclésiastiques et les grands
« se sont plaint des épigrammes qui, dans cette
« lecture, sembloient à tous momens pleuvoir sur
« eux. Il est sûr que d'Alembert paroît, en vieil-
« lissant, contracter un peu d'humeur. Il a toujours
« eu en écrivant l'intention de l'épigramme; mais
« il s'y livre aujourd'hui plus que jamais. Il me
« semble pourtant qu'à mesure qu'on vit plus, on

qui concerne l'Eloge de Fléchier, *Lettre* 81, *t. II, pag.* 196, et de taire ce que La Harpe dit, de celui de Destouches dans l'espace intermédiaire.

L'Académie a tenu sa séance publique... tout ce qu'on y a lu étoit excellent, excepté les ouvrages couronnés..... et au nombre des morceaux *excellens* qu'on a lus, La Harpe cite l'Eloge de Destouches.... *V. Lettre 53, t. I, p.* 417.

On dira peut-être que ce passage, à cause de sa brièveté, a pu facilement échapper au Critique : accordons qu'après en avoir découvert d'aussi courts (ceux qui concernent les Eloges de Saint-Pierre, La Motte et Marivaux), et où il y avoit du blâme, il ait manqué justement de perspicacité pour celui où il y avoit des louanges : accordons qu'il n'ait pas non plus remarqué une ample table

« doit pardonner davantage. » — *Correspondance*, t. I, p. 330.

Autre contre-partie.

« M. d'Alembert termina la séance par l'Eloge « de l'Abbé de Dangeau, dans lequel il parle des « grands et des gens de lettres d'une manière éga- « lement honorable pour les uns et les autres. Cet « éloge a été entendu avec le même plaisir que le « public prend toujours à la lecture des différens « morceaux dont M. d'Alembert embellit les séances « académiques. » — *Mercure* d'avril 1776, t. I, p. 185.

alphabétique, où l'on cite, *t. VI, p.* 134, tous les passages relatifs à d'Alembert, on conviendra du moins qu'il a bien joué de malheur, s'il n'a point aperçu le morceau suivant, celui-là même qu'il falloit rapporter, puisqu'il est le seul de toute la Correspondance, où La Harpe ait parlé de l'Eloge de Massillon ?

« Une production d'un autre genre, d'un « ton et d'un style tout différent, c'est le « recueil des Eloges de M. d'Alembert... Ce « volume contient les Eloges de Massillon, « de Despréaux, de l'abbé de *Saint-Pierre,* « de Bossuet, de *Dangeau,* de Sacy, de « *La Motte,* de Fénélon, de Choisy, de « Destouches, de *Fléchier,* de Crébillon, « du Président Rose. De tous ces Eloges, *il* « *n'y en a pas un* qui ne contienne des « idées judicieuses sur le personnage dont il « est question, sur la trempe de son génie, « et sur l'art dont il s'est occupé. Joignez « à ce mérite celui de beaucoup d'anecdotes « piquantes, et cet intérêt qui naît de la « variété des objets et d'un style ingénieux « et soigné, il en résultera un ouvrage dont « la lecture est *aussi agréable qu'instructive,* « et qu'on peut placer du moins après les « Eloges qui font tant d'honneur à Fonte- « nelle. Il y a sans doute ici moins de finesse « et de grâces ; mais peut-être y a-t-il plus

« d'idées; et le *seul* reproche que j'oserai
« faire à l'auteur, c'est de les anatomiser un
« peu trop, et de paroître ne vouloir rien
« laisser à faire au lecteur dans un genre
« où la perfection consiste à offrir des ré-
« sumés rapides et substantiels, qui éveillent,
« pour ainsi dire, la pensée, sans la rassasier
« jamais. » *Lettre* 100, *t. II, p.* 328.

Il est inutile d'ajouter quelque chose à
cette citation (30); elle complète les preuves
que nous avons déja données du peu de confiance qu'on doit accorder aux antagonistes
modernes de d'Alembert (31). Néanmoins,

(30) Par la même raison nous n'y joindrons point
l'article du *Mercure* (janvier 1779), d'où elle paroît
avoir été tirée. Observons seulement que La Harpe
y applique en particulier, à l'éloge de Massillon,
le jugement général qu'il porte dans le passage
précédent sur tous les éloges de d'Alembert. « L'é-
« loquence de ce grand modèle, dit-il, p. 151, est ici
« très-bien saisie et très-bien peinte... » Ailleurs, p. 156,
il observe qu'on ne pouvoit terminer plus heureusement cet éloge, etc.

(31) Rien n'est certainement plus commode que
d'attaquer, surtout sans preuves, un auteur qui n'existe
plus. Sa défense n'eût été pour lui qu'un jeu ; elle eût à
peine exigé un travail de quelques minutes, parce
qu'il avoit présens à la pensée tous les événemens
qui l'intéressoient. Après sa mort, les Critiques
courent peu le risque d'une réfutation. Ils savent
qu'on sera presque toujours rebuté de leur répondre, à cause du temps considérable qu'il faudroit

püisque nous sommes à la Correspondance de
La Harpe, nous émettrons le vœu que dans
une nouvelle édition on fasse disparoître les
taches qui la déparent, et qu'on remplisse
les lacunes qui y fournissent des armes à la
malignité. Nous désirerions entre autres ;
1.° qu'on n'y fît pas dire à l'auteur, *préf.
p. jx,* qu'il a parlé des écrivains et des ouvrages précisément comme il en parloit dans
les journaux auxquels il travailloit alors (32);
2.° qu'on en retranchât tous les passages
contradictoires soit entre eux, soit avec les
mêmes journaux; 3.° qu'on y rétablît le ren-
seignement le plus nécessaire à une correspondance, savoir, les dates, etc... Si l'on
ne les eût point omises, peut-être eût-on ré-
futé les objections suivantes que nous avons
entendu proposer : « Cette omission singu-
« lière (33) a été faite à dessein, afin de

perdre pour faire les recherches nécessaires. Assu-
rément si d'Alembert eût daigné réfuter l'Anonyme,
il n'auroit pas eu besoin de la centième partie du
temps que nous a coûté ce mémoire.

(32) On a vu dans les notes précédentes combien
cette assertion est erronée. Nous ne savons pas posi-
tivement, il est vrai, si le passage du *Mercure,* rap-
porté dans la note 27 (on n'y indique point l'auteur de l'article) est de La Harpe, mais son nom
est en tête de ceux des notes 26, 29 et 30.

(33) Elle est en effet bien singulière. On trouve
très-souvent des annonces, telles que celles-ci :

« dérouter ceux qui auroient entrepris des
« comparaisons fâcheuses, ou essayé de dé-
« montrer d'étranges et nombreuses suppres-
« sions...... Dans le même objet on s'est borné
« à indiquer les années, et seulement à la pre-
« mière Lettre de chaque année ; on se
« ménageoit ainsi la ressource de rejeter
« sur l'imprimeur les erreurs que l'on crai-
« gnoit de voir découvrir...... Dans le même
« objet encore on a complètement boule-
« versé la Correspondance des sept ou huit
« dernières années : ainsi, après avoir an-
« noncé dans les lettres de 1787 (*Lett.* 252,
« *t. V, p.* 173), la remise de Briséis qui eut
« lieu le 11 mai de la même année, on donne
« aussitôt (*Lett.* 253, *p.* 178) la nouvelle de
« la nomination de Vicq-d'Azyr et de M. de
« Boufflers à la place de Buffon et Montazet,
« qui ne sont pourtant morts que le 16 avril
« et 2 mai 1788; on passe ensuite (*Lett.* 254,
« *p.* 186) au récit de la séance où l'on ad-
« jugea, à M. Noël, un prix pour son Eloge
« de Louis XII, séance qui eut lieu le
« 25 août 1788; enfin (*Lett.* 257, *p.* 198), on
« annonce la nomination de Sedaine qui
« avoit cependant été faite dès le 9 mars 1786...

telle chose s'est passée le 13, le 14, etc. de ce mois;
telle autre aura lieu le 20, le 27, etc. du mois
prochain; mais on n'y désigne presque jamais les
mois.

« Ainsi, dans les Lettres de 1790, à la suite
« (*Lett.* 293, *t. VI, p.* 44) du récit de la
« séance où l'Eloge de Vauban, par M. Noël,
« fut couronné, et qui est du 25 août 1790,
« on revient (*Lett.* 294, *p.* 51) à celle où
« M. de Nicolaï fut reçu, qui est cependant
« antérieure d'un an et demi (12 mars 1789),
« et sur le champ on annonce (*même Lett.*,
« *p.* 57) la mort du fameux Loustalot, qui
« est du 20 septembre 1790 !.... »

On devroit même s'occuper d'un travail
plus intéressant, celui de donner une édition
correcte des œuvres choisies de La Harpe,
édition où l'on n'inséreroit que des ouvrages
dignes de l'auteur justement célèbre des douze
premiers volumes du Lycée, de l'Eloge et
du Commentaire de Racine, de Warwick et
de Mélanie (34).

(34) Ces *Remarques*, *Recherches*, etc., ont été ré-
digées au mois de septembre 1810.

588

589

£90

$\int g_1$

592

www.ingramcontent.com/pod-product-compliance
Lightning Source LLC
Chambersburg PA
CBHW060807280326
41934CB00010B/2595